我抒我心

古柏／著

文化艺术出版社
Culture and Art Publishing House

图书在版编目(CIP)数据

我抒我心 / 古柏著 . -- 北京 : 文化艺术出版社 ,
2021.6
ISBN 978-7-5039-6617-0

Ⅰ. ①我… Ⅱ. ①古… Ⅲ. ①诗集－中国－当代
Ⅳ. ① I227

中国版本图书馆 CIP 数据核字 (2021) 第 092532 号

我抒我心

作　　者　古柏
监　　制　悟圣
责任编辑　吴士新　杨开井
特约编辑　邓永辉　张德才　廖铎
书籍设计　几木艺创
出版发行　文化艺术出版社
地　　址　北京市东城区东四八条 52 号(100700)
网　　址　www.caaph.com
电子邮箱　s@caaph.com
电　　话　(010) 84057666 (总编室)　84057667 (办公室)
　　　　　84057696—84057699 (发行部)
传　　真　(010) 84057660 (总编室)　84057670 (办公室)
　　　　　84057690 (发行部)
经　　销　新华书店
印　　刷　河北京平诚乾印刷有限公司
版　　次　2021 年 6 月第 1 版
印　　次　2021 年 6 月第 1 次印刷
开　　本　889 毫米 ×1194 毫米　1/32
印　　张　8.5
字　　数　20 千字
书　　号　978-7-5039-6617-0
定　　价　80.00 元

二〇二一年壹月贰拾肆日

古柏于望城高顶山下

序

泉水本来就是干净的，所以可以直饮，不需要净化。这情境四十年前，走出城市，随处可见。十四岁之前，我甚至不知道什么叫开水。诗心应该是山村的泉水，没有被过滤，没有被添加，没有被污染。所以，我抒我心。或赞美山河，从心底里发出惊叹，就像自驾来到青藏高原，翻过唐古拉山垭口，奔驰在可可西里无人区。决不矫情，因为矫情不配大江大山。在天山牧场，在天山大峡谷，在沙漠公路，在胡杨林边，没有人听，吟诵给自己，悄悄抹去溢出的眼泪，自作多情地把诗朗诵给不懂诗的同伴。

月亮不在人间，就是映在水中，谁也捞不起。我的诗，是从心性中流出来的，有缘人可以直接品尝，无缘就随缘吧！月亮的境界很美，没有任何东西能束缚了她。她就是她。我的诗是月亮，看似野马，没有缰绳，却奔驰在一望无际的草原。看似鲜花，却带着昨夜的泪痕。一无所有，却心怀大千。隐江湖之滨，却忧国忧民。置身人事之外，却体恤人心之苦。

所以，诗歌是打碎的镜子，每个碎片，都有风景。

我的身份决定了我的心境与视域。行者最大的好处就是行万里路，读万卷书，以探入其内，跃出其面的多层次，多维度，圆视角看人生与世界。

上到三教经典，下到人生百味，教里教外，域内域外，凡触觉心灵之处，皆可成诗。2015 年 11 月 10 日，在去往英国的飞机上，唐浩明先生说，只有你能写出这样的诗——《用 3D 眼睛打印地球》：风筝一样的飞机，拉着地球旋转。一半黄蓝底上白云如莲，一半黑灰底上繁星点点…… 用 3D 眼睛打印地球，学学神仙，看看人间。

我信佛修禅，但决不佛系。因为经历的原因，我向善好静，但决不对现实抱有幻想。所以，“我把我的眼睛，挂在路边，做成路灯，只为照亮你的前程！”这些哲理，是用生命与生活交了学费之后的心灵铭言，不是鸡汤，这种理性直接说出来，有点伤心伤人，所以，用诗歌表现出来，就多了三分浪漫。

有些诗不是我要写，是心灵的呼唤，有不吐不快之感，所以，写是写了，写完忘了。与球友们打完球，品茶读诗，十几年如一日，快活得忘了身份。至于为什么，不告诉你，这是一种活法！在雾霾与疫情之下，不是天仙，也是地仙了。

在吴士新先生的关怀下，我又要出诗集了。这就像热爱秋山红叶的孩子，总是把黄叶从地上欣喜地拾起来，夹在书页中，自美自美。

妙华的博客上全是诗，几乎每日一首。或长或短，或律或散，不拘一格。今天用绳子把它串起来，想必还是挺好看的。

有朋友说，她每天都在博客上看我的诗，我窃喜了一下！真好！

杨穗喜居士，你就辛苦一下，把它收集打印给我。还有，我不知道微信上的诗还能保存多久！

古柏

2021 年 1 月 24 日于望城高顶山下

目录

CONTENTS

第一篇章

不必知道我是谁

3 / 不必知道我是谁
5 / 生命的火烈鸟（歌词）
7 / 截句
9 / 浮尘
12 / 懒洗心
13 / 心灵截句
16 / 心是灯泡

18 / 孤独
20 / 夹缝中那一抹绿色
22 / 此生随缘
25 / 没有秘密
27 / 心灵的燕子
28 / 不请之友
30 / 忘

31 / 童年
32 / 洗心
33 / 无依
34 / 只是记得自己
35 / 我有一张床
37 / 目光
38 / 命
39 / 我来过

40 / 像流浪者一样

42 / 终于走到一起

44 / 一诚上人舍利塔（题画）

45 / 致敬！吹哨人

47 / 疫情寄友

48 / 生命线

50 / 中国人心中有一盏不灭的灯（歌词）

52 / 白衣天使（歌词）

54 / 致“网红”

第二篇章

香风欲醉破禅人

59 / 香风欲醉破禅人
60 / 冬日戏作
61 / 题雪景
62 / 告别
63 / 天象
65 / 莲蓬
66 / 错觉

68 / 梅花洞（叙事诗）
76 / 茶花诗
77 / 野酸枣
78 / 老藤
79 / 水的四重奏
82 / 题洗心庵
83 / 岭头梅已开

84 / 禅月寂寂
85 / 望月
86 / 春花自知时
88 / 牡丹误
89 / 春雨洗心禅
90 / 相信莲花
93 / 地球成了瓜片
95 / 停电了

97 / 七夕夜，读一首诗给你
98 / 秋月之思
100 / 禅月（歌词）
102 / 秋境（歌词）
103 / 走进秋天
105 / 秋日禅歌
106 / 荷为美
107 / 秋荷咏

109 / 蝴蝶
110 / 冬茶花
113 / 洗心乒羽诀
114 / 冬天的景色
116 / 省心谣
118 / 冬至抒怀
119 / 致卢行者——兼悼其母亲辞世

第三篇章

云水丹青

125 / 云水丹青
126 / 清净地（题画）
127 / 薪火（题画）
128 / 题净域
129 / 千山境界（题画）
130 / 冈仁波齐（题画）
131 / 泉（题画）
132 / 我画四大佛山
134 / 值了
136 / 泼墨山水（题画）
137 / 题在画上的诗
139 / 画如其心
141 / 泼墨
142 / 五台山之春
143 / 自庄严
144 / 山水怡情四幅

第四篇章

诗与远方

147 / 诗与远方的诗
149 / 秦岭龙脉题诗
150 / 金刚山
152 / 天下名山僧建多
153 / 题黄山
154 / 题鼓山石壁
155 / 黄河礼赞
157 / 大秦岭
159 / 须弥山石窟
161 / 致敬梅里雪山
163 / 冰封壶口

164 / 尖尖的风景（外三首）
166 / 题雁荡山剪刀峰
167 / 观雪峰
168 / 登杜甫江阁
169 / 过故园
171 / 登天心阁
172 / 云水三湘
173 / 空蒙
174 / 题二酉洞（题画）
175 / 写在金刚山的岩石上
176 / 南山古刹

第五篇章

道的表白

179 / 道的表白
184 / 井坛读老庄
185 / 生命的感伤
186 / 神农的青草药（歌词）
188 / 中草药（歌词）
190 / 读《圆觉经》有感
192 / 庚子年
194 / 咏秋蝉
196 / 致于晓非居士
198 / 回向偈
200 / 文化歌诀我自吟

第六篇章

梦与影子

207 / 梦与影子
209 / 梦启（预言诗）
210 / 昨夜
211 / 定中
212 / 托梦心诀
215 / 如梦
216 / 梦境
217 / 感应
218 / 无梦令·秋梦
219 / 没有梦，也没有轮回
221 / 定境
222 / 人间
223 / 灵魂如流星
225 / 梦醒时分

第一篇章

不必知道我是谁

我抒 我心

不必知道我是谁

三十年的云水人生
昨夜，被我压扁成一张纸
像雪花飘落你的窗前
融化在你的心坎
催开你的心花
推动你的心轮
我匍匐在二维的地面
托起三维的你
让你像人一样站着
看云
呼吸自由的空气
如果运好
顿悟成四维
像梦
在天上飞

踩碎名利

吹散五蕴

像白鹤一样

像菩萨一样

一任河汉变幻

一任四季交替

一任六道轮回

昨夜

我把三十年

压成一张纸

飘成一片云

像雪花落在你的窗前

藉此开悟

不必知道我是谁

2020 年 1 月 21 日

生命的火烈鸟（歌词）

[副歌]

当紧闭的双眼睁开
火烈鸟从瞳孔飞起
太阳再一次温暖了大地
和风习习
吹散云翳

[旁白词]

此时此刻，我领悟了生命共同，
生死相依，一花一如来一叶一菩提……
菩提菩提……
是我是我是你是你……
莲花不在陆地，她就在泥里，此时此刻，
你就是我我就是你……
如水如风如海如云，连在一起……

[主歌]

啊———

生命相依，万物一体
这是一次重生
这是一次顿悟
生命的火烈鸟啊
从你我心里飞起

生命相依，万物一体
这是一次顿悟
这是一次洗礼
生命的火烈鸟啊
把渐冷的地球
捂在怀里

生命的火烈鸟啊
把流浪的地球
挽在怀里

2020 年 2 月 3 日

截句[①]

一

因为长在秋天的沙漠
所以映红天的胡杨
总是
挂着一行浊泪

二

你我都是浮云
什么都留不下
所以，不如无心
像蔚蓝的天空一样
什么都没有

① 一种新诗体，以二句、四句为佳。

三

花开在春季

花落在秋季

花开花落

由不得她自己

2020 年 2 月 27 日

浮尘

对着心空的月亮或者阳光
我想除去心空的浮尘
它真的诡异
并不随我的出入息而沉浮
它就是它自己
念头也无法把它迁除
它就是那样挠人
神经病一样
不讲理且来去无痕

人间的烦恼我可以看破
无明海中的浪花
我可以湮灭
我还是没有办法
除去心空的浮尘

于是，我去找佛
佛说，我的形象
也是大千世界的浮尘
于是，我去找法
法说，我是真理
也是婆娑世界的浮尘
于是，我去找僧
僧说，我也是四大五蕴

我可以放下看破一切
就是不能除去心空的浮尘
如果我是黄河的一碗水
三十年也该澄清
如果我是天上的一片云
三十年也该无影无踪
我可以不惜生命
就是除不去心空的浮尘

有一天，在梦中哑然失笑

原来万物与浮尘

都是心的投影

2020 年 2 月 19 日晨坐有感

懒洗心

早年孜孜觅诗文，
撒尽千金不歇心。
层层剥尽入佛道，
独喜林泉远离人。

揽尽三教参自性，
坐看春花落红尘。
摔碎当念听杯破，
幻游江湖懒洗心！

2020年2月29日晨坐偶得

心灵截句

一

心念像琉璃球一样
随境而动
行为却像沙滩
风干的牛皮坚硬
我从侏儒国走到巨婴国
在路途遇到不少
陷入迷茫的人
以各种方式作践性命

二

业感缘起的众生呵
游戏在无明的河中
美梦连连，风景重重
谁能把谁叫醒
各有各的活法
各有各的理由
各有各的心经

三

我仰望天空
看见瓜一样的地球
挂在太阳系的大棚
太阳系像云一样
飘在空中
我们像昨晚上落在
瓜上的露水一样晶莹

四

于是，我伟大啊

我是万物的尺度，像镜子一样

把万物纳入心中

而心无一物，如同虚空

2020 年 3 月 2 日

心是灯泡

如果天气好
不出门就能听到鸟叫
那一抹朝霞涌动在山后
鸟儿们会偷着笑

万物像露珠
贴在四季的胸口
把自己
摆得停停当当
并把自己擦得干干净净
四季变化谁都知道

但是，不言传
不当乌鸦，虽然乌鸦
在百里之外

可以嗅到腐败的味道

但是，不言传
不当喜鹊，虽然喜鹊
在喜庆的日子里
像红灯笼一样在枝头炫耀

盛夏知了在叫
把忧烦化成热恼
它在哪儿
你不知道
诗歌的艺术
竟是它生存的技巧

这鱼网一样的世界
已经变成电网
没有哪一颗心，不是灯泡

2020 年 3 月 31 日

孤独

像星星一样挂在心空
孤独地亮着，没有伴侣
忽明忽暗的那是云影
她一直孤独地亮着

又像不眠的眼睛
总以为在人世能找到知音
其实，就是睡在一起也各是各的
两个星星不可能抱在一起
更何况擦肩而过的两束光
各有各的引力

或许，梦中可以展开翅膀飞一会儿
睁开眼睛，她便将自己关在皮囊里
就是死去，也拉着绳子

不是想去哪里就去哪里

其实，大家都一样

金钱地位的快感与性一样

孤独的感觉

是灵魂的自省

从灵魂出发

或者把她叫醒

或者把她出卖

她还是孤独

2020 年 4 月 27 日

夹缝中那一抹绿色

岩石缝中的那一抹绿色
像挤牙膏一样挤出来
我比它还激动
向往光明，向往生长
虽然，偌大的山丘
只留给它一条夹缝
或者是一把狗尾巴草
或者是一根柔软的藤
我也激动这一抹绿色
开自己的花
结自己的果
有自己的自在与欢喜
秋冬都曾从这儿掠过
把自己的喜怒哀乐强加给万物

轮回的四季
风一直在刮
山川一直在变幻着颜色
只有岩缝中那一绺绿色
还是绿色

2020 年 5 月 7 日

此生随缘

在四季的轮盘上
你我只是一朵花或者露珠
左右不了春天
更决定不了冬天
暴雨与暴雪
咱都说了不算
还有吉凶与生死
不知道谁在谁先
举着信仰的火把
在岩洞中看到自己的影子
鼓励自己
这黑暗一定会消失
拄着宗教的拐棍
喘息在十八盘
为了看一眼日出

披星戴月登攀
虽然如此，能不能等到日出
此生随缘
骑驴找驴的人
不但走丢了驴
也把自己丢在天边
如梦一样飘在空中
抓不住一根绳子
细思极苦
细思极恐
一万次的追问
一亿次的求证
不如生死随缘
不再像鱼一样
在江湖挣扎
如果鱼知道自己在水里
它一定会长出翅膀
如果鸟知道自己在空中
它一定会长出鳞甲
人生没有如果

亿万次的假设

不如此生随缘

放过驻在心中的佛性

一如放过花与露珠

不追寻，不纠结

此生随缘……

2020年7月3日

没有秘密

流行色、流行歌与流行病
也只有一季
我在枯枝上
看到蝉者丢弃的雨衣
它们去哪了
我真的参不透
但我相信
地球确实是个球
旋转着黑白
沾染着四季
迅雷烈风不可终朝
热情与潮水
总会退去
生死也不是哲学
该来的总归会来

该去的总会去

不必多虑

不必多说

这世界

没有秘密

2020 年 7 月 10 日

心灵的燕子

我心灵的燕子
不得不绕过雷电区
与春天的你耳语
把一点点春泥
沾在你的心房
告诉你还有希望
虽然一个一个的灾害
会让心灵变得麻木与怀疑
我还是要告诉你
知道麻木就有希望
所以，躲开瘟神
越过洪荒
我还是把春泥
沾在你的心房

2020 年 7 月 29 日

不请之友

谁能把准地球的脉搏
谁能摸透苍天的脾气
谁能猜到路人的心
连同自己的明天是白是黑

所以，六月十九是难忘的日子
吉祥总是在这天降临
她是人们的不请之友
以光速穿过三世
清凉入怀

露珠一样的心灵
晶莹在莲花瓣上
菩提心与出离心转念
化着荷塘的芬芳

于是，我决定打破时空的封闭
把六道四生三界消弭
如您一样的慈悲
慈悲得不留一点痕迹

2020 年 8 月 7 日

忘

出塘藕断丝还连，
弃世容易出尘难。
庆幸霜刀剃华发，
复藉智光早披染。

三十云水绝人迹，
落得孑身无挂牵。
忘家忘身忘人我，
唯将禅茶度余年！

2020 年 8 月 10 日

童年

我把童年的记忆
绘在纸上
是否可以勾起你
童年的回忆像一支魔笛
穿过红红绿绿的人间
复原黑黑白白的日历
故土与童年
皆被搅拌成沫糊
老树旁的小溪
早已干涸成眼睑的泪滴
所以，我的意境
一定会唤起你美好的回忆
所以，回不去没有关系
像我一样，不要集体失忆

2020 年 9 月 2 日

洗心

心没有形
所以不必洗
把她交给山水
看到树，她就绿了
看到水，她就活了
看到山，她就高了
看到云，她就飘了
洗心不必去庙里
更不必在经书里
行至水穷处
坐看云起时

2020 年 9 月 18 日

无依

树叶长在树上
如鸟有巢
虽然感受活着的风雨
依然有靠有依

如果秋风的大剪刀
开始无情的修理
要把夏天修理成
它想要的样子
叶也无依，鸟也无依

我把自己寄生他乡
他乡在地球上，地球在虚空中
谁能告诉我，依靠谁心里才有底

2020 年 11 月 12 日

只是记得自己

所有的人
都有童年的美好回忆
美好的回忆
是心灵与露珠之间的虹霓
不分别
不造作
每条河流
都是光着屁股的影集
笑声无邪
赤裸裸无邪
只是乘着高铁
也回不去了
站在河上
也捡不起曾经的记忆

2020 年 11 月 12 日

我有一张床

我有一张床
把自己放在上面
就像飞机停在机场
半夜醒来
趁着夜色
把自己写成大大的人字
贴在床上
舒坦得像月光一样

相信天网穿透不了房顶
搜捕不到我浪荡的模样
为了给自由保密
我捂着伤口
躲进卧室
为了给梦想保密

装模作样一天之后

我钻进被窝

给梦化妆

让神经松松的挂在骨架上

让梦从心灵的鸟巢自由飞翔

我有一张床

可以把自己停在上面

就像飞机落在机场

半夜醒来

我伸展四肢

把大大的人字

贴在床上

2020 年 11 月 14 日

目光

俺想把目光放在书上
书太厚太慢而且文字冗长
俺想把目光放在自家心上
心太空太虚而且野马无缰
俺与您一样
忙碌的目光永驻在手机上
手机的金项链
套在老老小小的脖子上
不好意思，我没资格说你
现在我就和你一样

2020 年 11 月 15 日

命

我命薄如纸
点燃自己
也只光明一瞬
命运如风
努力在如磐石的岁月上
留下划痕
证明我来过
一次次用眼泪，融化他人的心
让欲望之火在心中
化成灰烬
遇到我
就像孩子在山野看到蒲公英
不要问
我来自何方，要去哪里

2020 年 9 月 24 日

我来过

像露水一样落在人间

晶莹的目光穿透层层黑暗

看星星一群群飞去又飞回

努力汲取太阳的能量

希望自己也能像星星一样飞

哪怕变成若有若无的云

没有光也没有色彩

甚至没有一层布的厚度

在大气的压力下

在大地的引力场

为了证明自己的存在

来过也思念过

与你和万物擦肩而过

记住你的，只是记住你的人

2020 年 11 月 25 日

像流浪者一样

如果我拥有爱情
我一定会站在群山之巅
欣赏这美丽的彩虹
而不会在荆棘
与欲爱的泥淖中爬行
我知道彩虹稍纵即逝
更何况有人一生都无缘看见彩虹

如果我拥有财富
我一定把它看成心空中的繁星
任由它们来去有无
决不负累我心灵的天空
如果有人在贫困中夜行
我就摘一颗星为他做灯
在这能量守恒的世界

贫者未减

富者未增

像流浪汉一样

甩开膀子

走过这个世界

不被有形无形的事物负累

飘逸得像云

潇洒得像风

2020年12月1日

终于走到一起

活了大半辈子
才知道
不是所有星星
都可以看见
看见的是缘
看不见的
依然是星星

也不是所有的星星
都有光
没有光的星星
依然是星星

地球的微尘上
云一样的众生

海洋一样的宇宙中
恒沙一样的星星

今天土木合相
不管人们看不看见
两颗星星
终于相逢

2020 年 12 月 21 日

写首小诗记录一下土木合相。

一诚上人舍利塔[1]（题画）

塔托高顶青苍苍，
功德巍巍法脉长[2]。
乌山凿石月作伴[3]，
洗心诵经钟磬扬[4]。

一担云水谒古道[5]，
百年曲屈葆性光[6]。
音容宛在白石冷，
腊月独有梅花香！

2020年2月23日

---

① 一诚上人舍利塔建在长沙望城洗心禅寺旁高顶山上。
② 一诚上人一人传三支法脉，后继有人。
③ 少年苦辛，曾在望城乌山以打石为生。
④ 青少年时，经常到望城洗心庵诵经。
⑤ 一担行囊，步行三月，到云居山依止虚云长老。
⑥ 曲屈，十年浩劫，在云山农场劳动，不忘禅坐。

致敬！吹哨人

我不认识你

听到你的名字

却抑制不住眼泪

你单纯、善良

爱说真话

追求真理

小心谨慎

不幸还是染上瘟疾

皇冠一样美丽的病毒

侵袭了你

你倒下又站起

戴着口罩

把生命的信心与希望举起

吹哨子的人

用尽最后一口气

告别了这个世界
没有留下豪言壮语，没有留下半点怜惜
像流星照亮心中的黑暗
像礼花绽放美丽的春天
像杜鹃花一样烧红山岭
像喇叭花一样笑迎明天
我们能战胜瘟疫
因为吹哨人
已经唤醒了我们的良心
明天的神州会更美
五千年，祖祖辈辈
经过了无数次洗礼
不要忘记吹哨人
在那个阴沉冬天
他像茶花一样美丽
从此，我要把茶花
就叫吹哨人

2020 年 2 月 8 日

疫情寄友

雾锁楚江喧嚣静，
心目茫茫空蒙中。
春雷欲摧瘟神殿，
三更挥鞭震怒声。

朝晖终将阴霾散，
还我山河绿葱茏。
寄语亲友信不泯，
隔窗犹唱东方红！

2020 年 2 月 11 日

生命线

每天睁眼
企盼疫情出现拐点
数字减少
曲线下降
我想，你们和我一样
潜意识里期盼
自由与解放
关注新闻
心痛鲜活的生命
求生的欲望
那些冰冷的数字
都是命运线上的沉浮
每个钢丝样的曲线
都是痛苦的心连成的点
不能深思

不敢细想

疫情像冷风一样

浸入乡邦

禁足、安静

在迷茫中等待

已经是最好的希望

那无药无归的人

吹落浊泪两行

于是，我总是抬头看天

希望云开雾散

把心放飞成地球的卫星

盼望在疫情面前

人类的心

连成一片

2020 年 2 月 12 日

中国人心中有一盏不灭的灯（歌词）

信心是心灯
五千年生生不息
踏平条条霜雪路
破除迷雾多少重

信心是心灯
三皇五帝到如今
照亮前路不蹉跎
汇成火龙舞东风

啊——
五星闪闪耀北斗
血色杜鹃年年红
八千里路云和月
初心有始终

信心是心灯
光光相映十方明
仁人代代传薪火
小康盼大同

中国啊中国
中国人心中有一盏不灭的灯

2020 年 2 月 13 日

白衣天使（歌词）

此时，我脑海中又闪出您的名字
白衣天使
在电闪雷鸣之时
在阴霾密布之季
我看见
翩翩降落的白衣天使
雪花一样晶莹
甘露一样洁净

此刻，我心海中显现出您的身影
白衣天使
拉开我幽闭的恐惧
驱散黑暗中的狰狞
看不清您的面容
但我能感到

一双小手下的温暖

一双明眸中的真情

[副歌]

此时此刻，我无法忘记的名字

白衣天使

在人民最需要的时候

是你们把爱和温暖

送到我心中

2020 年 2 月 14 日

致“网红”

老夫老妻
以及两岁三岁的萌娃
都把自己放在电网上烧烤
吱吱啦啦
冒着油
吸睛吸粉

其实，因为缺光少雨
或者南北旱涝不均
躁郁在所难免
天边
有时是尘霾
有时是游魂

天网恢恢的互联网

把脑残与骗子联在一起
疏而不漏的互联网
把人与鬼联在一起
终南山隐身的道士
老掉牙的和尚
也被做成过桥米线
或者麻辣粉

网络下的网民
其实都在裸奔
像渔民网中的虾
皮肉红时
已是他人桌上的美味……

2020 年 11 月 7 日

第二篇章

香风欲醉破禅人

我抒 我心

香风欲醉破禅人

架上藤萝洒花雨，
香风投窗送春讯。
牡丹爆芽似有声，
喇叭先吹报花归。

雨后碧碧托玉露，
井坛一方足养人。
粗茶淡饭情无寄，
香浓醉醉破禅心！

2020 年 4 月 19 日

冬日戏作

聚如春花，
散似秋叶，
徒染两鬓霜雪！
僧涯如萍，
江湖浩波，
此生自办槎柯。
除夕寂寂，
独捧黄卷，
隐隐闻见焰火。
春秋如梦，
缘聚缘散，
自得一半妙乐！

2019 年 12 月 22 日冬至日

题雪景

北风无情江山素，
心寂三秋不曾诗。
六尺宣纸清淡墨，
一根雪竹岩下出。

山门紧闭霜没路，
三更星火圣贤书。
饱学深参何所用？
老梅月下横铁枝！

2020 年 1 月 15 日

告别

晚起懒梳妆
心中凄凉
千丘雾气笼罩
春意氤氲
临窗诗意澎湃
却流下清泪两行

隔栏目送友人
此去平安
总会春暖花开
云散烟消
生死总是等持
从来是月映万川

2020 年 2 月 5 日

天象

那一夜冬雷阵阵
泄露什么天机
那一天寒鸟成群
有什么秘密
那一阵桂花盛开
蚊蠓织云
带给我们什么信息
生离死别的眼泪
铭刻成千年银杏树的年轮
清梦中泄露的天机
能告诉谁
谁会信呢
看天看地看人
全都依凭仪器
于是，在芜杂的信息

与冰冷的数据里

流浪的地球

转速太快丢了人

人跑得太快丢了心

做梦, 已经找不到家门

2020 年 2 月 15 日

莲蓬

自因自花自结果，
自风自雨自岁月。
千年莲籽芽复生，
三劫空转奈吾何？

徒儿莫被生死困，
别向经教觅蹉跎！
一心三藏妙莲花，
性海寂寂花万朵！

2020 年 2 月 24 日

疫情逐渐好转，诗画以记之。

错觉

在南方最好不要看日历
季节
文字
数据
都可以是游戏
感觉对的就对
至少不犯错
不吃眼前亏

明明写着立春
比冬天还要阴冷
而且，不冻皮不冻骨
直接寒入人心
湿气像梦一样
梦醒时分

已经四肢麻木头脑发晕

还有，不到惊蛰就醒来的毒虫
魑魅魍魉一样的春瘟
所以，艾叶、生姜、辣椒与雄黄
以及张仲景与戴公爷
都是要敬畏的护法神

六十岁之后
不看日历
不看新闻
全凭感觉
最多站在门口
看看云

2020 年 2 月 27 日

梅花洞（叙事诗）

因为医学
或者气功
或者对神奇的生命的冲动
他选择了出家
准确地说
他怀着对修道
与开悟的崇敬
和生离死别的父母
签了三年合同
这很浪漫
也很滑稽
与大部分出家人不同

在终南山深处
摩诃观音寺出家

师父的家世

曾是珠宝商

并且文武双全

在山中隐姓埋名

那种境界

你我可能看不懂

不是十天半月

而是一生

他到广化寺求戒

怀着三学的解脱之梦

也初次看到了江湖的风景

他到北京求学

最终发现佛学院的学修

不是他追求的明心见性

他为我校了三本书

从《金刚经》《坛经》到《净名经》

他开始茫然与困顿

也对出家与在家

开始重新厘清

他没有选择流俗

而是精进修炼苦功

一顿饭

不倒单

不漏精

那段时间

人们认为我

收留了一个神经病

用绳子绑住腿

腿肿了

抱着枕头或者一摞书

作为脑袋的支撑

偶尔外出

西山农场、燕山鹫峰

他一路找洞

一路找洞

洞不好找

找遍了太行山燕山所有的山

于是，他住进云居山
五台山、卧龙寺的禅堂
僧众们很快认同了他的坐功
并叫他讲开示领众
他远离了
背着蒲团又开始找洞
一双脚踏遍秦岭
大沟一十四
小沟七十二
终于在风景如画
心满意足的深山
占据了黑熊洞
住了不到半年
在一个秋天的黄昏
他搬离了黑熊洞
向秦岭更深处探行

群山苍苍
云雾茫茫
在人迹罕至的梅花洞

他如愿以偿
一住三年
与大熊斗勇
与野猪斗法
与老鼠斗智
看席子大的老鹰抓猎
听仙人梳头的嘶啦声
体悟六毒的幻泡
在性海中出没
感悟无边黑暗的无助
无扶无托中生命的惊恐

三年后
他怀着法乐与禅悦下山了
他师父在生命的最后三年
托付给他罗汉洞
一千五百年的大银杏树
开始重新茂盛
智慧泉也日夜淙淙
他以他对生命的探索

对心性的开发
立志继承禅法
弘扬禅宗

殚精竭虑修建禅堂
因为对禅法的深度领悟
因为对道场的深厚感情
每一处设计
都透露着禅者的极简与空明

很庄严，很美
十年创造的奇迹
我和其他人一样
怀疑他的用心
有人利用宗教的包装
在打造自己的平台
有人利用宗教的身份
在实现自己的价值
有人靠出卖信仰
捞取名利的门票

我担心，大佛大庙大法会
把本分丢掉

在秋天的那个早晨
一夜狂风骤雨
黄叶缤纷

他走入关房
盘起双腿
闭上双眼
锁上心门
一如当初的梅花洞
任长夜如漆
任风吼云飞

我以为你会垂头丧气
我以为你会蛋打鸡飞
没有没有
一切平常如初
你走入关房

把心灵放飞

我写下这篇叙事诗
是对你的印可与赞美
也给这个时代的佛教
烙下小小的印记……

2020 年 3 月 3 日

茶花诗

春上枝头才三分，
雨中落红已缤纷。
若将今生类花树，
花开花落由天心。

2020 年 3 月 4 日

野酸枣

貌似春天的那个季节
攀爬的花朵都在展示自己的存在
壁虎或者变色龙一样，分不清雌雄与花果

我亲眼看见并经历了
那旷日持久的狂风与大火
绿肥红瘦在火舌舔过之后
只把惊悸的黑色的神经
遗忘在角落

只有贫瘠的黄土坳的野酸枣
因为青涩与长刺躲过一劫
在秋阳与白霜中慢慢变红
以她自己的原因结她自己的果

2020 年 3 月 8 日

老藤

如虬老藤生荆丛，
盘枯新木还葱茏。
日月如梭徒来往，
端向危岩乱石中。

花因艳丽遭折枝，
果惹香甜腰成弓。
百年之好谁人是，
放下老庄学老藤！

2020 年 3 月 17 日

水的四重奏

环球称第一，
雪浪伴雷音。
天河跌深谷，
当空起虹霓。
游艇似枣叶，
晴空风雨急。
示我大乘象，
截断众流理！
从此疏思量，
任凭烟云起！

幽谷寂寥处，
清静听泉音。
空有原不二，
动静体还一。
妙道如水流，
虚实皆当机。

不执世出世，
逢石浪花起。
报诸修道人，
忌枯复怕逸！

低处汇众流，
忘我跌成瀑。
游客来不来，
日夜情如注！
终归向大海，
风景浑不顾。
法流二千年，
四海同一域！

流瀑本无心，
老藤偏有意！
伸臂欲挽留，
春色染岩碧。
更有惜缘苔，
片片绿岩壁。

恰逢五明僧，

泼墨泄天机！

2020 年 3 月 23 日

题洗心庵

梦醒群星落，
一夜雪盈门。
天地归初始，
不赖僧洗心。
冰凌垂咫尺，
莹莹可鉴人。
唤童取柴来，
煮茶好迎春！

2020 年 3 月 28 日

岭头梅已开

岭头梅如雪，
谁人赏梅来。
沟深雾迷路，
连月障不开。

松竹常作伴，
明月清风来。
皆是无情物，
香瓣落尘埃！

2020 年 4 月 2 日

禅月寂寂

水中现月皎皎真，
谈禅论道人人亲。
千般描绘皆不是，
性月只在虚空存。
五蕴重重遮性眼，
得之如何示他人。
闭口闭目绝尘思，
禅悦寂寂光临门！

2020 年 2 月 16 日

望月

千里相唤看圆月，
禅门披衣望山廓。
心湖影事梦中现，
水中月痕捞不得。

月圆月缺寻常事，
心月若失谁与可？
还将远目返自性，
晦朔在吾不在月！

2020 年 4 月 8 日

杨一心发信叫看超级月亮有悟

春花自知时

春花自知时，
桃李色不改。
柳丝绿万种，
杨花飘雪白。

四野迟迟绿，
心花盈盈开。
六十恰庚子，
无事独坐台。

耳听鸟争鸣，
眼看花怒彩。
唯恐落春后，
青春我不待。

偶来蜂蝶伴，

误入枯木怀。

花粉随风远，

不必独登台！

2020年4月11日

牡丹误

文人清高赏兰竹，
道士安贫喜菊花。
今春移植牡丹桩，
晨昏频频看苞芽！

花木逢时皆自是，
寻春不必非梅花！
谁将牡丹俗富贵，
误我半生餐朝霞！

2020 年 4 月 14 日

春雨洗心禅

雨滴声声穿耳化，
花香缕缕入鼻渺。
性空湛湛无晴雨，
四季表现凭空消，

千里闪电裂长空，
万里炸雷碾地摇。
四大五蕴空幻梦，
如来拈花释迦笑！

2020年4月21日

相信莲花

为了莲花
我一直把根扎在泥里
把日月放在心里
一任狂风暴雨
吹打四季轮回的盘子
相信莲花，不改变自己

为了那一掬清泉
我在乱石嶙峋中隐藏心意
让泥沙沉淀
让波浪平息
一任斗转星移
转晕了千年岁月
依然恪守自己

如果，你爱莲花
莲花也一定爱你
那很深的缘分与久远的约定
总有一天会唤醒三生的记忆

如果，你尝到甘甜
这份甘甜就属于你
在五欲的红尘里
在名利的飓风中
在六道中出没时
你没有玷污自己

在庚子冬春之交
撕裂之后的夏天
让我们以莲花定律绽放
脸贴着脸笑喷
汇成花海
香风万里

让我们以如来藏海的范式

收集每一滴露水

汇集每一股清泉

而唯有一味

2020 年 4 月 26 日

地球成了瓜片

太阳月亮
无心把地球分成两瓣
滚动成太极图的样子
炮制成九蒸九晒的黑芝麻丸
人欲用时间的刀子
把地球切成瓜片
晾成瓜干
并用五欲之火
以晒地图方式
把地球炙烤
随意贴上标签
于是，囫囵个的地球
成了农家小院
只可惜，阳光与水
天空与大地以及心灵

无法分开

误读了说明书的愚人

被欲望蒙蔽了双眼

华严富贵的世界观

我们看不见

明晰入理的楞严法

我们摸不着边

渐行渐变渐远

于是，美丽的蜂巢

密集的蛛网

进入漫长的冬天

2020 年 5 月 6 日

停电了

一阵狂风暴雨电闪雷鸣之后
停电了
一片寂静
一片黑暗
无数萤火虫一样的眼光
在黑色的天网
找寻明星
像网中的鱼
跳动着
想回到海里
心念如浪花
奔腾翻滚
总想打湿天庭
老僧说
入定吧

入定后一切皆空

看不见好

听不见更好

生来

心里就有一盏灯

2020 年 8 月 11 日

七夕夜，读一首诗给你

一甲子，我才明白
隔河相望的思念
才是浪漫的爱情
浪漫得永不相见

把所有的爱情故事
升华成两颗星
一个在此岸，一个在彼岸
没有缘聚，就没有缘散
今夜最美，我们一起读诗
仰望星空
洗涤灵魂
虽然，彼此看不清脸

2020 年 8 月 26 日

秋月之思

今夜，只有你凉凉地挂在天空
不冷不热
无言无说
像一面镜子
对面娑婆

在你的空镜中
一切都是幻影吧
爱情、事业、秋果
都是高维的投影

今夜，只有你凉凉地挂在天空
千万条江河里有你
亿万双眼睛望你
真的有几人懂你

把爱情填在你的空心里

把事业写在你的圆满里

把幸福贴在你的洁白里

亿万年你如约而至

亿万年你清白如雪

今夜，你凉凉地挂在天空

谁与你心心相印

谁又真的读懂

空空的

白白的

凉凉的你

2020 年 9 月 1 日

禅月（歌词）

佛心如月
秋空高悬
无论你在天涯海角
无论你此刻是喜是怨
秋空朗朗
明月高悬

朋友呀朋友

人生四季
总会遇到凄风苦雨
星月不见的夜晚
只要心如虚空
佛心如月
一切皆会烟消云散

月有阴晴圆缺
人有悲欢离合
此事不必求全
圆圆明月
寂寂大千
本自具足
本自圆满

朋友啊朋友
让金风吹散烟云
让祥光普照人生

2020 年 9 月 2 日

秋境（歌词）

秋空一轮金阳

秋水一盘月亮

云无影

风无痕

谁吹长箫

独在高楼上

秋空一轮金阳

秋水一盘月亮

鸟无痕

风无迹

谁吹无孔笛

独在山岗上

2020年9月9日

走进秋天

走进秋天
那是每个人都有的金色梦幻
诗歌与果子挂满枝头
故事与笑脸就像石榴

现在，虽然椅子空着
落叶上留不下脚印
但椅子有人坐过
小路有人走过

如果，你有缘得到我的风景画
一定会说，这儿我来过

秋天就是这么诚实
记录下每棵树的岁月

我描绘秋天

秋天收藏了我

2020 年 9 月 10 日

秋日禅歌

秋空飘远羽，
寒潭清游鳞。
一团莲花坐，
渺渺离红尘。

日月两盏灯，
山河一孤坟。
密持波罗蜜，
顿入不二门。

2020 年 9 月 11 日

荷为美

从来泥中生，

千年美不够。

清香何远尔？

高洁在心头。

2020 年 9 月 15 日

秋荷咏

接天莲叶无穷碧
映日荷花别样红
是洗心禅寺夏天的美丽
仿佛无染的禅心
在香风中摇曳
我就这样笃定
与你相守风风雨雨的夏季

人有生老病死
天有春秋四季
你我握紧莲蓬一样的拳头
收起曾经舒展的伞盖
气沉丹田
筋脉勾连
准备迎接风霜雨雪的一季

于是，一幅幅秋景
展示另一种美丽
枯黄、苍凉、坚强
不是所有的人都欣赏得了
秋荷飒爽的美丽
这需要慧根与慧眼
这需要道心与愿心

让万物在眼前
舞蹈着拉下洁白的冬幕
枯萎的莲花
已经把莲子
深深地埋在泥土里

2020 年 11 月 3 日

蝴蝶

门外风景如画，房舍人物
都是四季盛开的花
于是，蝴蝶一样的心
顺着眼光追逐
迷失了回家的路
所有的路标，都指向风景区
5A 的宾馆与风景
都是谁的主意
证书中的标准
都是谁的智慧
顺着眼光追逐的蝴蝶
迷失了自己
找不到回家的路
与黄叶一起，落在泥土里

2020 年 11 月 10 日

冬茶花

没有蜂蝶蹁跹
没有浓香弥漫
霜雪漂白的天幕下
与寒风一起舞蹈
迎着飞雪
把心花高高举起

爱你一万年
青春不改
泪水结成冰花
透着冰清玉洁的忠贞
在万物凋零之后
践行一万年前的约定
这并不是逆天

而是对冰天雪地的赞美

把大红花戴在头上
佩在胸前
再笼上一层霜纱
选择嫁给冬天
真爱就是不离不弃
因了冬天
坦白热血沸腾的胸襟
因了冬天
红得不可思议
因了冬天
龙一样潜根在地里
把万物竞秀留给夏天
火热的季节
我们选择默默无闻

如果我们是诤友
在这个寒冷的冬季
就把血脉在地下延伸

共同度过小冰河期
如果我们心心相印
就相依相偎
结构成一片树林
一任风雪交加
依然活在春天里

冬茶花
是生命生生不息的火种
是一颗颗跳动的心
是你我瞳孔中
从未逝去的希冀

2020 年 11 月 20 日

洗心乒羽诀

用太阳的拍子
把月亮扣落地球的台面
挥汗如雨
朝霞满天

不管太阳系左旋右旋
不管银河系上旋下旋
我命由我
自由无限

轮回了一个花甲
经过了十万八千
老茶已经醇酽
只说禅外有禅

2020年12月4日

冬天的景色

像鹅毛一样
飘飘洒洒落在人间
着墨不会太多
就是空灵的雪景

为了春归大地
不执着有没有自己
不化是雪景
化了是意境

以各种样态
滋润万物
化育万物
慈悲得无影无踪

就是被挂在屋檐下

被冻在山谷中

也是神奇的所在

洗涤心灵的美景

2020 年 12 月 9 日

省心谣

城镇远丘山，
亦无乌鹊喧。
亲友绝音讯，
选茶煮炉暖。
黄卷屡拾遗，
老庄数数翻。
去岁曾如是，
今年复明年。
姜汁朝朝饮，
艾汤微微汗。
夜梦神仙来，
会绝月印潭。
晨曦轻入室，
禅香冷寂然。
客来云山外，

火烬不曾烟。
只说湿寒重，
寮门重重关。
繁华落尽处，
枯木不惧寒。

2020 年 12 月 23 日

冬至抒怀

朔风收尽繁华，
唯见梅枝爆芽。
围炉煮茶，
闲目皆是幻化。
借呗花呗，
因果落在谁家？

老僧一无所有，
禅羽梦在天涯。
写诗画画，
圈内圈外涂鸦！
生呗死呗，
一任黄土流沙！

2020 年 12 月 25 日

致卢行者—— 兼悼其母亲辞世

接到这个消息
一切宽慰都是多余
一句阿弥陀佛
包含无量心意
在这娑婆世界
苦乐生死
有无得失
永远是手心手背

上到帝师
下至黎民
没有谁能跨过生死的大门
此刻
一句阿弥陀佛
送亡者上路

让亲友安心
最是亲切

那个没有人我是非的世界
叫极乐
所以莲花盛开
那个没有黑白纠结的世界
叫涅槃，所以清凉自在

天下所有的母爱
汇集成波涛翻滚的大海
与天下所有的儿女
同波共振
在心念中掀起
一朵朵浪花
在记忆中
播放一帧帧情分
在睡梦中
又聚到一起

此刻

一句阿弥陀佛

已经开启了另一扇大门

让所有母亲

放下人间情缘

款款随风，像彩蝶

起舞莲花世界

像量子纠缠

像平行世界

如旅人归家

如四季往来

一句阿弥陀佛

此刻最是亲切

生者不曾来

往者不曾去

一句阿弥陀佛

此刻最亲切

2020 年 12 月 28 日

第 三 篇 章

云水丹青

我抒我心——

云水丹青

胸中云水手下风，
踏遍青山搜奇峰。
只因了然无牵挂，
任运剪裁泼丹青！

2020 年 2 月 26 日

清净地（题画）

寺门紧闭山林静，
客尘绝处心更清。
搜尽平日云水处，
名山皆是佛道兴。

2020 年 2 月 20 日

薪火（题画）

奇哉东方诸贤圣，
万代千山一道通。
普度众生无尽意，
疫情山中访葛翁！

2020 年 2 月 21 日

题净域

冰封山门寂僧心，
曾向名山访道人。
而今绘成山水画，
云是虚情石是真！

2020 年 2 月 23 日

千山境界（题画）

春风涌来梨花雪，莲峰托出石弥勒。
此番妙境绝诗画，更有高塔耸辽阔。
梵音和雅泉婉转，松竹伴石云隐约。
佳境重重阅不尽，一抹夕阳又添色。

2020 年 2 月 26 日

冈仁波齐（题画）

虽然，你非常遥远
我却可以清晰地看见
虽然，你非常高大
我却可以把你放在心里
无论人间的五欲六尘
如何喧嚣成雾霾
都遮不住你圣洁的容颜
我记得前生的约定
我知道你存在的含义
你一无所有
却永驻在我心里
冈仁波齐

2020 年 2 月 26 日

泉（题画）

心静山色近，
性空泉水清。
大小随心境，
何必赖画工。

2020年3月3日

我画四大佛山

我画四大佛山
她是人生的四重境界
向有缘者日夜开示
每一座
都是历史与文化的叠加
就在那庄严着
只是不知道
你的心灵是否已经萌芽

四座佛山
是心性的四个面向
智慧
行动
心愿
善良

哪一面都是心灵的风景

四座佛山
也是人生的四把金印
成功与失败
只要被印可
你就没有蹉跎

四座佛山
是生命的最高境界
圆满、圆融
你不必在出世入世之间纠结
只需把她化于心中

2020 年 3 月 5 日

值了

那是藏族孩子
藏着山藏着水的眼睛
银铃般的流泉
宝镜般的湖泊
今生与她相遇
值了
她干净得
能照见自己的影子

那是世上最宏大的交响乐
没有指挥
合奏天籁的乐章
随着季节更新
在你眼中现出彩虹
在你心中荡起涟漪

值了
她不仅仅是乐章
还可以洗心

那是一位慈祥的老人
把一年四季全揽在怀里
冬白秋黄，夏绿春红
一天都可以阅历
忘记肺的呼吸
把心情融化在
他的调色盘里
值了，你会发现原来
生活是这么炫丽

2020年3月9日
画九寨沟瀑布并诗

泼墨山水（题画）

任意心情于咫尺，
泼墨勾皴成空蒙。
更将空白作云水，
自摇小舟入画中。

难得疫情巧结界，
好茶一壶涤心清。
朽木灵苗自生绿，
荀日又添一景新！

2020 年 3 月 9 日

题在画上的诗

江南水乡
是撑着油纸伞
走在幽长的小巷
丁香一样的姑娘
总是把朦胧的倒影
留在人心上

目不斜视的和尚
到了江南
要么成为弘一式的才子
要么成为曼殊式的风流倜傥
风水如此
灵感总是在
水月相交处闪光
画境总是在

烟雨楼台中

渲染到纸上

江南是才子佳人

疯狂生长的地方

2020 年 3 月 11 日

画如其心

此生值了
走过那么多山山水水
虽然像乞丐一样
一无所有
没有家
没有亲人
甚至没有故籍
浮萍无根
但是，心甘情愿
把一切看成浮云
心安理得地
把人生像鸽子一样放飞
所有的盆地与暗流
所有的高山与瀑布
都是风景

看你把自己定格在几维

就是关了庙门
也关不住我的心
我早已把山水画卷
压缩成文件
存入心底
在禁足的时候
打开一帧帧美图
挂在墙上
不为其它
只想引诱你
发现佛性的美丽

2020 年 3 月 15 日

泼墨

只有我知道
泼墨的含义
把混沌的世界
还给混沌
任何一种美
都美不过混沌
活着就是一种压抑
只有泼墨才能释放自己
或者以水破墨
或者以黑破水
或者以彩破墨
因为破所产生爱与美
是一种奇迹

2020 年 3 月 22 日

五台山之春

五台忆相聚，
华严因缘殊。
护法筑法台，
唯从初心出。

金师云端吼，
甘霖普化滋。
法泉冬犹暖，
端待雪化时！

2020 年 3 月 16 日

为文韬居士画，以资纪念

自庄严

自绘佛山自庄严，
就面即已结眼缘。
苦海升起皎洁月，
清辉无量照世间。

法界寂寂皆幻事，
阿娘频频崖畔唤！
只待儿孙围炉时，
却将黄叶化火焰！

2020 年 4 月 2 日

为洗心禅寺尊客寮绘四大佛山意境图并记

山水怡情四幅

寻觅净土遍阅经，访尽名山盘缠空。
夜半独坐自问自，净土忽现自心中！

万年黄土千岁情，气质浑厚成秉性。
一曲老腔吼黄河，唱破九朝皇帝梦！

黄山奇峰似老翁，三三两两不老松。
七扭八歪迎风雪，十有八九铁铮铮。

三上黄山开诗眼，云雾缥缈展画屏。
恨无缘由山中留，画中变成一棵松！

2020 年 8 月 22 日

第四篇章

诗与远方

我抒 我心

诗与远方的诗

把青春的激凌一节一节
写在纸上，便是诗
激动在该激动的年龄
那是可以原谅的幼稚
让生命没有根
如鸿毛一样飘
那便是远方
其实，这世界
压根没诗，也没有远方
偶尔在垭口看到雪山
暂时的停留不会缺氧
金秋的胡杨林
没有暴风雪
如果不在沙漠
胡杨林不会是七扭八歪的形象

这人间，很现实

压根没有诗与远方
那些自以为有诗与远方的人
注定神经兮兮
在远方流浪
在他乡流浪的人
把大湘西三间土房子
说成诗与远方
大山里土房子住的人
写不出诗
也不知道什么是远方

2020 年 5 月 10 日

秦岭龙脉题诗

苍茫接昆仑，
四时万象新。
瑶池注琼浆，
卦山开天心。
一曲渭水谣，
岐山凤鸣林。
千年群星璨，
紫气满乾坤。

2020 年 1 月 26 日

金刚山

我知道
这名字含义很深
不仅仅是坚硬的物理
是一种比喻
众生成佛的菩提
在旋转的六道中也不丢失
像种子一样
等待开悟的时机
是一种比喻
坚固的习气
执念如金刚
改变它谈何容易
除非登上三摩地
是一种比喻
因为业习

造成的金刚地狱

一旦坠入无有出期

我把金刚山展现在面前

信不信由你

金刚山与《金刚经》

就在那里

2020 年 2 月 16 日

天下名山僧建多

褐衣荆棘委岩穴,
舍身悟道传薪火。
云端甘露伏红尘,
天下名山僧建多。
欲度众生无尽意,
菩提路上多蹉跎。
道意欲宣诗书画,
坐看云起亦洒脱!

2020 年 2 月 16 日

题黄山

中得心源师造化，丹青任运不经心。
心泉清清非虚说，我佛无暇诳世人！
不拜名师不学论，闭目山水分外真。
更将清白结人缘，半张云笺表僧心！

2020 年 2 月 22 日

题鼓山石壁

旗山猎猎师奋迅，法鼓阵阵降魔军。
象王代代蹴踏至，雨后竹林又添苏。
闽地从来河海晏，社稷虔虔客舍新。
无事偏爱三宝地，三教融融鉴天心。

2020 年 2 月 26 日

黄河礼赞

从皑皑雪山之间
飘来
又向茫茫群山之间
飘去
如一弯彩虹
七彩光芒点亮了
无数黑色的眼睛
又像一条腾飞的黄龙
强劲的血脉
在黄皮肤下涌动
奔腾不息啊
汇集众流啊
有什么高山大河
有你如此丰富多彩的象征
到三江源我去看你

草甸间有你清澈的眼睛
到壶口瀑布
我去看你，看到你气贯长虹
到入海口我去看你
看到你汇流入海
与五洲四海一起涌动
黄河啊
是一种精神
是一种血脉
是一种境界
因了你，我要把涓涓细流
悦纳入怀
因了你，我要把千山万水
拥抱怀中
因了你，我要把艰难险阻
当成人生的风景

2020 年 2 月 28 日

大秦岭

太过绵长苍茫
太过幽深纵横
太过林木葱郁云雾空蒙
要了解你
得有一双洞悉历史的眼睛
要欣赏你
得像鹰一样在高维飞行
要描绘你
得有一支如椽巨笔
与五色彩虹的颜色
你神一般的存在
就是读不懂的《易经》
你神一般的存在
就是天南地北的分水岭
你神一般的存在

是一个民族的龙脉

是一种文化的象征

你是风水

你是摇篮

你是骨气

你是从苍茫昆仑

腾起的东方巨龙

2020 年 2 月 28 日

须弥山石窟

佛教
一路开凿洞窟
走入中国
把善良、慈悲、智慧
以及对生死的超越
与来世的企望
立体地保持在岩壁上
任风雨剥蚀
变成血色岁月
没有哪种文化
有你这样执着
几百年及至几代人
薪火相传
在雪山、在荒野、在沙漠
在西北、在东南、在中原

像群星璀璨地闪烁

从克孜尔千佛洞的佛光

到火焰山后的梵乐

从麦积山石窟耳语的沙弥

到大同石窟帝王的崇善明德

智慧沉静的云冈大佛

沿着石窟去寻觅佛

你的心泉会映现日月

2020 年 2 月 29 日

致敬梅里雪山

我愿意你是神一样的存在
端平这冷热不均的世界
或许冷真比狂热更重要
或许人迹不到更好
爱这人间
就要像你一样存在

我愿意你是神
让寄生物有几分敬畏
不要以为自己无所不能
欲望的核能
把你和我们一起毁灭

我愿意你很灵
用风雪乃至冰雹

把人们惊醒
不要像雪线那样
慈悲地流着眼泪后退
而要直言大吼
我就是神灵

对你的那份敬畏
其实是露珠对春晨的仰望
是婴儿对妈妈的依恋
是五谷对大地的回报
面对你，我承认我对宇宙的无知
面对你，我不怕自己的微卑渺小
你，是一个民族、一个人的依靠
……

2020 年 3 月 3 日

冰封壶口

冰封长河息涛音，
壶口绽开几树梅。
龙窟珠玉目不暇，
别有景色喜远人！

待到梨花黄土暖，
解巾敞怀吼三秦！
更骑毛驴游古道，
黄河岸畔忘古今！

2020年3月8日

尖尖的风景（外三首）

一、在欧洲

绿绿的草地
森森的城堡
静态的油画
透视着文明沉淀的美好
只是，一座座空空的教堂
没有遇到神父与牧师布道
尖尖的风景
随处可以看到

二、在亚洲

曾经渡人的古船
已经搁浅在沙滩

岸上有高铁
河里有快艇
跨江有大桥
那只古船以及纤夫
其实已经失业
他们，只是江上的风景

三、在风景区

雕梁画栋的古庙
点缀着风景区的风景
那对静卧在门口的石狮子
早已哑口无言
失却了当年的威风
禅门寂寂，空门空空
只有那一树桃花
去年刚落，今年又红

2020年3月14日

题雁荡山剪刀峰

自持剪刀自裁出，
奇峰嶙峋云表浮。
初歇细雨架虹桥，
林杪青岩万泉斛。
龙湫飞珠千音和，
丈外仰观长衫湿。
归来唏嘘造化妙，
梦中盘桓又三日。

2020 年 3 月 18 日

观雪峰

息心阿兰若，
晨坐观雪峰。
皎洁无纤尘，
挺拔出云层。
过往成冰川，
半空挂晶莹。
万物皆自化，
蓝球浮空中。
莲座成云朵，
湛然飘苍穹。
一念回光照，
谁在禅定中？

2020 年 3 月 21 日

登杜甫江阁

楚山重重迎幕客，
却揽孤舟放流长。
此阁老杜曾登否？
辞却锦城漂湘江！

古来浪荡皆寂寞，
夜雨诗成泪两行！
楚地不乏流放客，
敢将血肉铸文章！

2020 年 4 月 14 日

过故园

黄土翻丘浪，
大漠托苍龙。
横亘数万里，
怀孕千亿灵。

神州环玉带，
文脉三皇承。
都邑粲明珠，
人杰气若虹。

临渭说典故，
心泉随波涌。
终南千岭秀，
长安八水笼。

瓜坡换新颜，
屋舍绣玲珑，
逍遥何所似，
恍惚在梦中！

2020 年 4 月 17 日

登天心阁

天下名楼星罗布，
唯有此阁意境深。
上上下下名利客，
几人识得是天心？

湘江浩渺千帆竞，
万里烟波醉游人！
凭栏远眺雁北去，
芦荡鹤唳觅知音！

2020 年 4 月 14 日

云水三湘

幸得为僧丝不挂，
芒鞋踏碎暮云平。
三湘四水遍参方，
手扶天柱听瀑声。

2020 年 7 月 26 日

空蒙

在水天一色的空蒙中

放飞心灵

往事

像天上的云

飘在天边

像山一样沉在水底

沟沟坎坎

都是美丽

百年之后这风景还在

被风化的你我

还能否存储龙虎山一游的美丽

2020 年 9 月 18 日

题二西洞（题画）

学富五车一舟轻，
书通二西心灯明。
烟雾几重锁沅水，
一轮江月乱清风。
焚儒不曾灭星火，
文狱偏编丰史经。
松竹又见霜雪新，
寒兰犹喜岩隙中。

2020 年 8 月 25 日

写在金刚山的岩石上

你一定没有去过金刚山
那是一个人前世的故事
刻在梦境的芯片上
格外峻峭
格外美丽
不可言不可说
渲泻成激扬的瀑布
松林与老虎寺
只是金刚种子的投影
如果你没有参透佛法
我敢说你不懂
去看看吧
金刚山不是一座山的名字

2020 年 9 月 2 日

南山古刹

故乡南昌寺，苍苍秦岭头。
松竹掩草药，法水伴泉流。
忆起嘹得很，风雨去存留。
瞳孔收远景，泼彩老泪流。

2020 年 9 月 15 日

第五篇章

道的表白

我抒 我心

道的表白

如果鱼知道水
它已经不是鱼了
如果鸟知道天空
它已经不是鸟了
知道，太难了

太阳的温暖
我们能感到
月亮的明亮
我们可看到
但是，知道
太难了

老子的说明书
至今没有几人看懂

揣摩着使用
就像打开生锈的锁孔
打开，太难了

一朵花开
引来一只蜜蜂
我们都知道春天了
但是，为什么知道
太难了

她像珠峰
没有多少人敢于攀登
也没有几人登顶
她就在那儿
洁白如玉
岿然不动

是的，她像玉
与沙石一起

在河里滚动
她坚白而温润
你发现或者不发现
她就在那里
与沙石截然不同
要琢磨成器
太难了，它无比坚硬

她似水
利养万物而不争
四季变换着形体
充满整个虚空
可以运用，掌握它
太难了

他是一位长寿的仙翁
白须飘飘
面若孩童
总是熙怡微笑

寿而不亡
不怒不争
你知道他的存在
想依止他
太难了

她是一个无为的城邦
没有道德
没有法律
落英缤纷
生死相望
你知道它的理想
实现她，太难了

啊！道呵
让多少人生死相许
苦苦追寻
律己行妨
搜索枯肠

可是她，就在那儿
不生不灭
不增不减
不垢不净
自由得像风一样
竟然在一呼一吸之间
建立起庄严的道场

2020 年 3 月 11 日

重温帛书《老子》有感

井坛读老庄

湿寒姗姗随冬去，
春风款款送花香。
一杯清茶鉴云影，
井坛暖阳喜老庄。

散木支离人不顾，
官商无缘绝慌忙。
误披袈裟三十年，
瓦钵随处置野荒！

2020 年 4 月 14 日

生命的感伤

冬雷阵阵
天鼓失时地敲响
蛰伏的毒菌
被过早释放，刀光闪闪
口腹之欲泯灭善良
饥馑劫刀兵劫疫疾劫
用因果的绳子串连
你我一起喝下无明的毒汤
失教失医失道，失志失心失良
却把萤火虫当成前路的灯光
却把欲望当成天空的太阳
此刻，放下执念不晚
我们一起重读《黄帝内经》与《药师经》
看看能否再把心灯点亮

2020 年 2 月 4 日

神农的青草药（歌词）

神农老人的
一把青草药
像那绿色的火苗
驱走漫漫长夜的黑暗
长江滔滔
黄河滔滔
炎黄子孙
生生不息的瑰宝

啊！神奇的青草药
神农老人生命的法宝
阴阳调和成的汤药
药食同源
医易互用
展示天地共生的奥妙

代代传承

天人合一

中华民族无比自豪

啊！神奇的中华医药

天人合一

生命一体

走过坎坷与泥泞

开拓过荒漠

跋涉过泥淖

昭示生命的神奇美妙

啊！中华医药

中华民族无比的荣耀

2020年2月20日

中草药(歌词)

[念白]

老爷爷！尝百草！

踏遍青山人未老！

日遇百毒不害怕，

愿将躯命作春桥！

[唱]

百草可入药

花果叶茎皆妙道

阴阳分内外

五行有法要

望闻问切防未病

汤砭艾针自然疗

一颗仁心如赤子

唤回千家笑

啊呀呀! 神奇的中草药
华夏民族的瑰宝
百草入妙药
《内经》是法宝
薪火传承仁者心
愿将躯命化春桥

2020 年 2 月 27 日

读《圆觉经》有感

古佛凭空现，
犹如天际月。
修行不自在，
名利未净脱。
犹如华丽衣，
又如官府锁。
自觉人中贵，
自得活安乐。
君看笼中鸟，
复观檐下雀。
欲界罗网中，
几人能解脱。
止观以为翼，
禅悟圆觉心。
自身为作证，

不凭世人君。
经论以浴佛，
虚空现月心。
因缘设津度，
不贱亦不珍。
鱼水两相宜，
空翼两相亲。
烦恼如火薪，
薪烬火亦尽。
生死如鱼水，
空陆鱼安存。
妙幻如来藏，
寂寂本然心！

2020 年 7 月 11 日

庚子年

天文馆一样的庚子年
瘟疫、洪涝、地震、蝗灾
……
几乎所有的灾害
预约后接踵而来
日蚀以及扫过大块的彗星
让流浪的地球
在黑暗中流浪
在风暴中挣扎
寄生其上的众生
深感生死的无奈
或许，天垂象
是对昏昧的提醒
是对欲望的消解
狂妄、无知、自大的人

看不懂《心经》与《道德经》

所以，天道人心的因果

如蛋大的冰雹砸下来

流浪的地球上

寄生他乡的孩子

心存感恩与敬畏吧

或许在地球“失控”之前

还可以再看一眼花开

2020 年 7 月 18 日有感

咏秋蝉[①]

春雨润长天，
花果赖善缘。
穷尽因缘理，
性海自湛然。

霜雪本洁白，
僧家贵法源。
一曲无弦琴，
音声遍大千。

巍巍菩提树，
苍苍花果繁。
一叶承甘露，
广结众生缘。

---

① 注：在诸仁者的共同努力下，《妙华文集》终于出版，诗以记之。

立秋蝉声急，
全赖霜叶染。
更向林深处，
换装待来年。

2020 年 8 月 17 日

致于晓非居士

收到你的金经导读
知道了梅花如何在雪花中舞蹈
知道了在水泥的森林里
也可以如莲花一样绽放

二十年不曾有音讯
音讯是法界的法音
藏匿在江湖的丛林中
如在江湖的人群中
偶尔听到一声鹤唳

独自钻入丛林与荆棘
从维摩诘到面壁婆罗门
从老庄到王阳明
证伪人世的五欲六尘

证明人心的寂静如一

然后，把心路铺展成虹霓
让有善根与慧根的人们
在莲花前了悟大乘
菩提树下证悟菩提
把盐撒入海里
海水只是一味
这世界会好吗
会好的
什么都不缺
只是少了菩提
所以，人间如何喧嚣
生命不能没有菩提

2020年8月20日

于晓非居士寄来《〈金刚经〉导读》有感

回向偈

心气缕缕凝甘露，小溪涓涓汇度津。
以如天明星不隐，以如临岩瀑不退。
善根破石济法源，善心渗血成土浸。
恒夜求法自策马，徒手荆棘呵魔军。
西天路遥不远求，地狱重重炬无门。
法喜禅悦化尘恼，四双八辈皆可亲。
祈请世尊为证明，无牵无挂唯一心。
愿我正教灯常明，愿我三宝护国民。
愿我神州海河晏，愿我中华日月新。
微命化着一滴露，菩萨柳头降浮尘。
人间火焰化莲池，世上热恼成菩提。
瘟鬼战神成粪土，吉祥康乐如天人。
所有功德今回向，以如把盐撒海垠。
云行天空作龙象，普雨虹霓了无痕。
更造方舟防灾变，更将伏藏秘深深。

众生生生生生众，法流流流滋人心。
纵使刀山火海在，如来不曾毫发损。
共拥法炬照长夜，共推大乘入红尘。
江海不干法不竭，日月不落心不退！

2020年10月11日

《洗心文库·妙华文集》发行会纪念

文化歌诀我自吟

君不见，黄河长江源流长，
文化肇始根脉远，
圣贤济济星河璨。
君不见，菩提路长二千年，
西行求法东扬帆。
恒河禅花黄河浪，
经流九州波涛天。
虽经三武一宗难，
弘传路途多坎坷，
先贤挥起般若剑，
三派八宗呈特色。
南传甘蔗中边甜，
如蜜似糖入生活。
藏传雪山神山供，
洁白如玉净域阔。

如法教令供四宝，
教法清净传承多。
春花现春各有态，
和而不同表春色。
五欲遮瞒愚夫眼，
谤教谤法破谐合。
六根门头各有道，
妄起干戈坏安乐。
净琉璃，承露盘，
温如玉，珂似雪，
却被人设粪土没。
神经焦虑又躁郁，
空心无意不思渴。
文化道德软无力，
毒鸡汤，争相喝，
一碗一碗不解渴。
风油精，清凉油，
只要止痒处处抹。
经科腾腾龙虎跃，
高楼高速快生活，

邪教瘟疫弥不散，
夜半犹闻唱赞歌。
三藏蒙尘僧不阅，
名利营营附声说。
四书文言涩难懂，
道经玄奥摸不着。
东一榔头，西一棒，
烂在根，腐在心，
如割韭菜迷渡津。
真言善心驴肝肺，
鹿马披红膘又肥。
纵使六祖法身现，
手捧《坛经》献殷勤，
不问祖，不寻根，
自拎长发欲创新。
汉传法流汇长江，
古刹古籍古佛心，
一任拿来为我用，
顿悟渐悟可明心。
中国故事般若智，

文化自信有明珠。
复兴文化赖载体，
何故思想无所依。
“但得本，莫愁末，
群魔不能乱真说！”
合盘出，全体现，
大统一，整体观，
人在宇宙灵明现。
体用不二行中道，
中庸用中妙难言。
一个道字统心物，
圣贤出世早千年。
五行八卦非迷思，
华夏太极天人范。
乾坤阴阳树三立，
海晏河清当体现。
怎奈洋枪洋炮并洋货，
迷头认影八衙乱。
声光电中心智迷，
却将鸡毛当令箭！

纵然身价超千亿，
大象瓔珞不耐看。
头戴礼帽衣革履，
言语举止人不悦。
金钱润屋德润心，
夫子千年早已说。
欲火烧山复竭水，
烧入寺庵与观舍。
知识技能巧夺目，
太庙书院成空壳。
最穷最怕是心饥，
心为法王不必说。
失财丢官莫丢心，
是人是鬼唯在心！
我今为君歌一曲，
请君为我侧耳听！
金银堆山不足贵，
文化道德抵万金！
若欲海晏河清日，
环宇和乐赖道心！

2021 年 1 月 27 日

第六篇章

梦与影子

我抒 我心

梦与影子

就像走在拉萨的街头
我怀疑我是另一个世界的投影
虽然人物与事物五彩缤纷
我还是时常感到自己
是这个地球上的客人
不然想法与梦
都这么奇怪
出自自己，自己也无法解释
所以，我想借信仰的力量
帮自己一把
把梦想成真
可是梦的影子还是留在地上
无数脚步匆匆踩过
影子不知道痛
直到

太阳落山

雪山变黑

梦与影子消失

2020年11月8日

梦启（预言诗）

幽径森森连肩踵，
大道夷夷行人稀。
更将涎戈雪上霜，
阴疫扼腕长太息！

本是太虚流浪儿，
何不暗冥共渡济。
梦启不忍开金口，
晚秋哀伤十八亿！

2020 年 2 月 29 日

昨夜

风雨交加，惊雷阵阵
最后一朵冬茶花，摔成了花泥
像春节有家不能回的
一声叹息
梦里清楚看到
女人的鞋子陷入土中
暗示阴邪从此销声匿迹
梦魇已快过去
伸展因蛰伏而慵懒的身躯
重拾自己
杜鹃花每年都点燃山岗
只有今年格外炫丽
于是，我与她们合影
不为纪念，只为站在一起

2020 年 3 月 22 日

定中

念系悬月拴猿马，
湛然天幕分阴阳。
欲泯对待才着意，
悠忽一念入梦乡。

重调七支息妄心，
晓月化去泯无疆。
一缕朝霞破窗入，
唯将蝉蜕弃异邦！

2020 年 4 月 12 日

托梦心诀

道本无名，
强名名之。
道盗导同，
汝莫异之。
盗亦有道，
庄子喻之。
道者导也，
老孔同也。
音同义同，
昧不悟焉！
释教三藏，
论一心也。
心本无心，
其实空也。
似空不空，

唯一气尔。
气与志交，
仿佛心也。
无形之心，
托于体也。
体本四大，
四大空也。
阴阳二神，
妙合之哉！
貌似混沌，
其有灵也。
灵被物迷，
迷者失也。
假于圣贤，
以导俗也。
托于宗教，
以化民也。
汝今通教，
孜孜求也。
求之不得，

拘于思也。

聪明者烦，

未绝知也。

成圣者假，

落于待也。

世利营营，

不敢现也。

梦里真言，

字字玑也。

阴阳倒错，

莫恋世也。

无由累心，

何苦哀哉！

时不我待，

莫失机也。

2020 年 4 月 17 日

如梦

入梦般般皆是真，
梦里声色留泪痕。
睡梦沉沉君莫唤，
梦醒自然光破门！

圣贤般般欲教化，
惊雷不响物不新。
法雨不活无根木，
何必戚戚忧远人！

2020年4月21日

梦境

梦中相见无须言，
唯有明月心中现。
龙鱼腾腾当空舞，
性海湛湛妙寂然！

欲与诸君同分享，
却道受持首楞严。
热恼人间一夕梦，
何不一念游大千？

2020 年 5 月 15 日

感应 [1]

雾障千由旬,
隔空传喜讯?
南北肩水火,
莲台增寸辉!

香柏苍岩峭,
老榆雪虹霓。
抖衣拾初心,
照彻阎浮提!

2020 年 5 月 17 日

① 注：梦中看见绿皮火车一节车厢拉着《妙华文集》，并看到手机广告信息与货号，新书要到了，梦喜，得诗一首故记之。

无梦令·秋梦

无明一念机心起，
梦见锦绣华衣。
早是秃头白茬，
脱去几层新皮。
茶禅活计，
袈裟化着虹霓。

悠悠春梦早已醒，
脚跟不再沾地。
老病换个活法，
秋蝉又更云衣。
三界无寄，
全凭哀家心意。

2020 年 8 月 24 日

没有梦，也没有轮回

一觉醒来
才发现白露落在草叶上
从夏梦中醒来的树叶
也舞蹈着开始归根
这就是古人说的道了吧
车子一样轮回

昨夜梦到的人和事
不管多么复杂
是喜是忧
全都飘向天边的云
秋空的目光中
没有梦也不轮回

于是，我自言自语

还是无梦好

秋天的天空更好

没有梦

没有根

也不参与轮回

2020 年 9 月 9 日

定境

定中冰雪界，
晶莹无瑕尘。
云翳皆消退，
圆光大无痕。

物相皆幻化，
水月处处真。
言语举动外，
何处觅道人？

2020 年 9 月 22 日

人间

太阳与月亮
像驴推磨一样的轮回
岁月老成树皮
秋风中的黄叶
把心染成金色
果实在开悟之后
心甘情愿地落了

寒夜煮茶的火光
映红黄土高原一样的前额
佛珠拈碎的时间
化着青烟
偶尔传来的猫叫与狗吠
提醒老僧，这是人间

2020 年 10 月 22 日

灵魂如流星

我觉知
被五欲烦恼的皮肉
像手机与软件不配

心惊肉跳的生活
如秋叶上最后的露水
勉强托举着

任何过路的风
都可以粉碎

但是，我控制不了梦
控制不了你

像镜子，瞒不过自己的眼睛

像井泉，压抑不住自己的情绪

像晨光，总是穿过高山与荆棘

我知道

你的高贵与灵光

像手机与软件不配

在这细思极苦的红尘中

你把她和成了稀泥

任人捏塑

任人摆布

甚至看似伟大

却装着别人的灵魂

为了给这五蕴的人生保鲜

夜幕如约降临

缤纷多彩的灵魂

像流星与你合而为一

2020 年 11 月 2 日

梦醒时分

无情的岁月
把露珠摔碎的声音
几人得闻
璀璨的理想
被憋屈成梦
打湿枕头
没有一丝声音
泪痕像一只干枯的蝴蝶
原来，梦有方向
还有季节
不合时宜
梦也不生长
六十年一甲子
经历了人生的春夏秋冬
梦醒时分

露珠与眼泪
在秋风中变黄
分不清是树叶
还是彩蝶

2020 年 11 月 12 日